Legends from Jaluit Atoll

By Imroj Elementary School, Grades 5–8

The
Unbound
Bookmaker

Legends from Jaluit Atoll
Imroj Elementary School, Grades 5–8

Credits
Special credit goes to Imroj Elementary School Grades 5–8. Grades 5–6: Jerina, Noma, Jalynn, JunJun, Frameldo, Cabriel, and Bill; Grades 7–8: Mathlynn, Marry, Maxcilly, Michael, Stevenson, Mackson, Carlmai, Ressalyna, Jinnie, and Janice. Special thanks to Imroj Elementary School teachers Ejak, Hankao, Rosemen, Tarise, Mije, and especially Jessica Robertson. And finally, thank you to the Ministry of Education in the Republic of the Marshall Islands for funding this book.

The Unbound Bookmaker
Find us on the web at: www.unboundbookmaker.com

To set up additional projects elsewhere in the world, please contact Jamie Zvirzdin at jamie@unboundbookmaker.com.

Editing, interior design: Sarah Jacquier
Image editing, cover design: Rachel Noorda
Marshallese review: Cheta Anien
Production and publication: Jamie Zvirzdin

ISBN-13: 978-1-482-30815-0
ISBN-10: 1-482-30815-0

Printed and bound in the United States of America

Dedicated to the people on the island of Imroj on Jaluit Atoll

Ruo Jeṃjāān Jeṃjatin

Etto im etto, eaar wōr ruo jeṃjāān jeṃjatin raar jokwe ilo juon wāto etanin, Wolbwe ilo bukwōn in Mājrirōk ilo aelōn̄ in Jaluit. Juon raan, ļeo erūtto eaar ba n̄an ļeo edik bwe erro en bōk armej ro aero im ļe irōk im kōttōpparļọk bōran aelōn̄ eṇ ilo aelōn̄ in Jaluit, ilo bukwōn eṇ rej ba, Imiej. Ke ļeo edik ej ron̄ men eo, eaar ba n̄an ļeo jein im ba, n̄a ļe jeiū, ijjab errā ilo pepe in ak bōlen eṃṃanļọk n̄e jero naaj ajeji armej raṇe arro ilo ruo jar im kajjo arro iaļ jān doon. Kwōn bōk raṇe ṃōttaṃ im ļe irōk kake er bwe inaaj bōk rā ṃōtta im ļe iōn̄ kake er im jenaaj iioon doon ibōran aelōn̄ in.

Raan eo juon, jeṃjāān jeṃjatin ro raar ajeji armej ro wōj ilo ruo jar. Juon jar an ļeo erūtto im juon an ļeo edik. Ke ej dedeļọk jabdewōt men, jar ko raar jepel jān doon. Juon eļe irōk ak juon eļe iōn̄.

Ļeo edik eaar bōk armej ro an im ereān ļe iōn̄. Eaar kanooj in lōn̄ armej im limo aer wōj iiaeo im wānin̄aļọk ilo mejje ko nin̄aļọk. Ke rej tōparļọk āne jidikdik eṇ rej ba, Lejron̄, raar atoļọk ie im kakije bajjōk. Ke ej dedeļọk aer wōj kakije, rooj bar jino tuwaak jān Lejron̄ im kōttōparļọk āne ko ļọk iōn̄. Ke rej tōparļọk lukwōn mejje eṇ ikōtaan Lejron̄ im Naeṇ rōļak reilikļọk, rej lo juon bao kileplep ej kātok jān Lejron̄. Bao eo eaar kālōn̄ļọk im ļak bwe an utiej ej kālaļtak im kan̄ jibukwi armej. Juon alen an kālaļtak ejako bar jibukwi im kar wāween deeo an kar bao eo kan̄ armej ro ļak pād wōt ruo likao. Ļeo edik im bar juon ṃōttan. Likao rein ekanooj in ļap aerro ikkijeļọk kōn aerro ko jān tiṃoṇ eo. Ke errooj kāāne ļọk ilo juon iaan āne jiddik ko, errooj lo juon eṃ jidikdik im erro kar ettōrļọk im deļọn̄ļọk ie bwe erron tileekek jān tiṃoṇ eo. Ke errooj deļọn̄ ļọk ṃweo, errooj lo juon ļōļļap ej ekkwaḷ bajjōk. Ļōḷḷap eo ej ba ñan erro, "O likao raņ, etke enānin ḷap amiro ikkijeḷọk?"

Likao ro raar ba ñan ḷōḷḷap, "Kōnke kōmro ej ko jān juon tiṃoņ etan Lenwe." Ļōḷḷap eo eaar ba ñan ḷadik ro bwe erro en kālọñ loon po eo im tileeke ie. Ej baj meḷanḷọk jidik ak ejāde tiṃoņ eo.

Tiṃoņ eo eḷak tok ḷōḷḷap eo ej ekkwal bajjōk im eba ñan e, "Iakwe eok ḷe Ļejidān."

Etan ḷōḷḷap eo in Ļejidān eṃōj Ļejidān eba, "O eokwe kwōn deḷọñ tok jero bwebwenato."

Eṃōj tiṃoņ eo edeḷọñ. Ļejidān eba ñan tiṃoņ eo, "Ak āinwōt eḷap aṃ ṃōk ḷe."

Eṃōj tiṃoņ eo eba, "Aaet eḷap aō ṃōk kōnke iaar kōpeḷ tok ukood ko aō ijin tok, kwar ke baj lo er?"

Tiṃoņ eo eba ñan ḷōḷḷap eo ke ej āt bwiin ḷadik ro iṃweo. Eṃōj ḷōḷḷap eo ebar ba, "Rejako ak kwōn jijet kejro bwebwenato."

Eṃōj tiṃoņ eo eba, "Eokwe eṃṃan ak kwōn jino inọñ ñan kōjro."

Ļōḷḷap eo ejino al eo an im ba, "Ekōjañ dōb eo nejin ḷetao ed-dadawe edjeñ, edjeñ, edjeñ jeñ." Ālkin jilu alen an ḷōḷḷap eo al, ejañ bọtin tiṃoņ eo. Ettoñ im jaje ḷọkjeņ. Ļōḷḷap eo eba ñan ḷadik ro bwe erro en itok erjeel lukwōj tiṃoņ eo ņa ilo joor ko iṃweo. Ke ej ṃōj erjeel ae tok kimej ņa ilowaan imwe innām tile kimej ko bwe en bwil tiṃoņ eo im mej.

Rainin kwojjab aikuj in ba kabōj ñe kwōj pād ilo Lejroñ bwe enaaj ḷap kōto, wōt, im ņo im kwojjab maroñ eṃṃakūt jān Lejroñ iuṃwin wiik.

Enañin aolep iien, jab pokake ej bōktok eḷap jorrāān ñan elōñ armej. Eñin ej waḷọk ilo bwebwenato in ilo an kar ḷadik eo edik jab pokake ḷeo jein.

The Two Brothers

Once upon a time there were two brothers who lived on a wāto named Wolbwe on the island of Mājrirōk, Jaluit Atoll. There was also a demon named Lenwe who lived on the island of Lejroñ. One day, the older brother told the younger one that they must take their people to the head of the atoll, to the island of Imiej. The older brother wanted to take the southeasterly route. The younger brother disagreed. He said that they must move northeasterly. So the two brothers had a little quarrel. The older brother decided that because they did not agree, they should divide their people amongst each other. He told his brother to take one half of the people, and he would take the rest on the southeasterly route. The younger brother was happy to hear this idea, so he agreed.

The older brother and his people made it safely to Imiej. The younger brother took his people and started walking north. When they reached the island called Lejroñ, they decided to stop and rest. After a few hours of rest, they continued north. Between the islands of Lejroñ and Naen, they saw a big bird flying after them. The bird was flying very high. It flew down quickly and ate one hundred people. The bird continued to fly up and dive down, eating one hundred people each time. The bird finally ate all of the people except for the younger brother and one of his companions. The bird was the demon Lenwe.

The younger brother and his companion kept running north until they reached the island called Ren. When they reached the middle of the island, they saw a small house. They ran quickly towards the house. When they went inside, they saw an old man making rope from coconut fibers. The old man asked them, "Why are you so tired?" because he saw that they were gasping for breath. They told the old man that they were running from the demon. So the old man said, "Go upstairs and hide yourselves. I'll stay here and be ready for the demon."

When the demon arrived at the house, she saw the old man and asked, "Have you seen two men running this way? They are my dinner."

The old man answered, "No, no one has come by my house."

The demon said, "You are a liar. I can smell the two men in this house."

So he said, "No, no one has come this way. But, you come and sit down. We will tell each other our stories."

So she answered, "Okay, you start."

The old man said, "No, you first."

Then Lenwe responded, "No, you."

Finally, the old man started to tell the demon his story. His story was a magic story. It was meant to make the demon sleep, and indeed she slept.

While she slept, the old man called the two men. He said, "Do you have the ropes that I made? I prepared them to tie up the demon so we can kill her." So they tied the demon to the column of the house. He then told them to go get as many coconut tree trunks as they could so that they could burn the demon with the house. They did so and lit the house on fire. The demon was burned in the house and died.

Since then, you cannot call or say crane on the island of Lejroñ. If you do, bad weather comes. Big wind and waves will stay for a week, and no one will be able to travel away from the island.

The Old Man's House

Lenwe Is Burned in the House

Lenwe Flying

Bwebwenato in kōn Taibuun eo kar ilo Jabor, Jaluit ilo iiō eo 1958

Jlo allōñ in Jānode 6 raan eo ekar jino waļọk kōto eo ilo jibōn tata. Iien in ekar wōr 40 raar pād ilo jikuuļ eo an miijen ioon Jabor eṇ. Rijikuuļ rein rej jān kajjojo aelōñ kein ilo Ṃajeļ in. Armej ro ilo tōre eo raar jab jeļā ke enaaj wōr taibuun, ak ejjeļọk eṇ ekar pojak, ijoke ke ej ļapļọk kōto eo ekar jino an iuwe dān ioon āne im men otemjej raar peļọk, ekar rup ṃōko iṃōn kajjojo armej. Ilo tōrein rijikuuļ ro raar jino jañit jineer im jemāer, ijoke Reverend Harry Rakin eaar jar. Kōto im ṇo ko raar jiṃor iuwe ioon āne ilo tōre in.

Raar jino kōṃṃan to ñan aer lukwōj wōjke ko bwe ren kabbōjrak kaki, ak eaar ejjeļọk tokjān to kein. Ke eaar ibweeb ṇo ko, rijikuuļ ro raar laṃōj, kōn aer mijak. Ke eaar jino marokļọk, eaar jino an dikļọk kōto im ṇo ko. Eaar itok baļuun jān Kwajaļein im bōktok ṃōñā, uno, dān im bar elōñ menin aikuj ko jet. Ālkin taibuun eo aolep rijikuuļ raar etal ñan Majuro im jikuuļ ilo Ejej.

The Story of Jabor's Typhoon in 1958

On January 6th, 1958, there was a big, big wind early in the morning. At this time, there were 40 students at the Jabor, Jaluit, mission school. The students were from different islands in the Marshall Islands. The people of Jaluit Atoll were unaware that there was a typhoon coming. Because of this, they made no preparations.

When the people saw the storm approaching, the children became sad and missed their parents because they were not on the island with them. But Reverend Harry Rakin gathered them together to pray.

The people made ropes from coconut fibers and attached them to big trees. When the wind and waves came, the people held the ropes. The waves were incredibly big. The ropes did not work; they broke because of the strength of the waves. The students were screaming because they were afraid. It was beginning to get dark when the tide and wind calmed.

After a few weeks passed, an airplane came from Kwajalein. It brought medicine, food, water, and other supplies. The students ended up moving to the school on Ejet Island on Majuro Atoll.

Kune Kijeek eo Imroj

Bwebwenato in ej kōn Imroj ilo tōre ko etto. Imroj eaar ļap an booļ armij ie. Armij ro eaar ļap aer jeļā ṃanit, eļap eaar kar iakwe doon, jeļā laļe doon, jipañ doon, roñjake doon, naajidik doon. Eñiin ej unin aer kar ba Kun in Kijeek eṇ Imroj.

Bar ilo wāween aer kōjọjo kijeek juon wōt iien an aolep jọ im kun.

Bar ilo wāween aer eọñōd, ñe juon wa ej eọñōd im rōtok ak ebooļ koṇan enaaj naajidik jān eañ ñan rak.

Aer naajidik doon rej enrā bwe jen lale rārā. Armej ro eaar ļap aer kwaļọk iakwe doon kōn aolepān wāween kein rej kōṃṃani ñan doon. Ej eñiin unin aer kar likūt naan in kun in kijeek eṇ Imroj.

Put Out the Fire of Imroj

This is a story about the island of Imroj from long, long ago. At that time, many people lived on Imroj. The people truly believed in their customs and really loved each other. They also respected each other, helped each other, listened to each other, and especially shared with each other. When one family started cooking, all would soon follow. Then, all would finish cooking at the same time and put out their cooking fires at the same time. That is why they say, "Put out the fire of Imroj."

As was said before, everyone would light their fires together and put them out together. If someone went fishing and brought back many fish, he would share with everyone on the island. After cooking, all of the food would be shared from house to house.

The people of Imroj showed that they loved each other by the way they shared with and helped each other. Again, this is why they say, "Put out the fire of Imroj."

Lijiāāk

Etto ilo bukwōn in Imroj, Jaluit, ekar wōr juon dāp etan Lijiāāk. Lijiāāk ej jokwe ilo mejje jidikdik eo ikōtaan Nawetak im Imroj. Lijiāāk eaar kanooj eṃṃan ñan armej in Imroj ilo tōre ko etto, āinwōt an bwebwenato in naaj kwaļọk kake.

Ñe armej rej lo an Lijiāāk tutu, rejeļā bwe ewōr weiļ ippān enaaj jipañ er. Jabdewōt iien ñe ewōr nañinmej ikilin armej ro, Lijiāāk enaaj leļọk weiļ eo ekar kōṃṃane. Weiļ eo enaaj kōṃṃan bwe kilier en ājmuurur im karbōb. Rej ba bwe Lijiāāk ej karuwaineneik rilotok ro ñan Imroj im kōṃṃan bwe ren errōbobo. Armej in Imroj rej tōmak wōt ilo bwebwenato in kōnke eṃōj aer lo weiļ eo ijo Lijiāāk ekar jokwe ie. Rej ba bwe ej pād wōt ijin rainin.

Lijāāk

A long time ago in Imroj, Jaluit, there was an eel named Lijiāāk. She lived in between the islands of Nawetak and Imroj. Lijiāāk was very good to the people of Imroj long ago, as this story will tell.

When the people saw Lijiāāk wet, they knew she had oil that could help them. Whenever people had skin problems, Lijiāāk would give them the coconut oil that she made. The oil would make their skin healthy and beautiful. It is said that Lijiāāk will welcome visitors to Imroj and make them beautiful. The people of Imroj still believe in this story because they have seen the oil from where Lijiāāk lives. They say that she is still there.

Ekkounaak

Ekkounaak ej juon iaan bwebwenatoon eo̧ñōd ko rōbuñbuñ im aorōk ilo aelōñ in Jaluit. Ijowōtke ijo bwebwenato in eaar jōbar jāne eaar jān bukwōn in Imroj, juon iaan bukwōn ko ilowaan Jaluit.

Ilo iien ko etto ļōļļap ro ilo bukwōn in Imroj rōkōn jab kejool eo̧ñōd in aer. Juon tōre eaar jejjet juon iien aer eo̧ñōd ñan ji-pañļo̧k irooj ro aer ñan juon aer utaṃwe eļap. Kōn menin Aļap ro an bukwōn in Imroj raar kuk ippān doon ñan aer peke iien eo̧ñōd eo aer. Erwōj kar pād im ļak wiik eo jino kōpoji kein eo̧ñōd ko eļap tata wa ko.

Ilo tōre eo eaar wōr jilu ļōļļap ro rōkein tōl ļōļļap ro ñan jikin eo̧ñōd rej n̄a etan armej rein "Ṃaajta" ke eaar jejjet bwe ren kab rujlo̧k im eo̧ñōd raar kōjeļāik doon bwe ren kab jab ajin eañro bwe ajin eañro enaaj kwaļo̧k jerata. Ļōļļap rein jilu rej Lapija Jacklick eo juon ej Kelen Jacklick, im eo juon ej Joñatu Anes.

Raar pād im ļak juon iaan jo̧tein ko ilo wiik eo erwōj kiki wōt ioon bok iaar bwe ren pojak ñan an ibwij tok in jimmarok bwe ren peļļo̧k. Ke ej jejjet bōkā eo n̄o ko reto̧re neer im rejujen ruj. Kōn men in ñe baj Lapija eo jān tuiōñ enaaj ekkelo̧k im ba Ekkounaak U-U-U ebaj laṃōj ļōļļap eo tok iturōk U-U-U ļo̧k ñan ioļap ippān Kelen ej baj laṃōj ekkounaak U-U-U ebaj ebōkak eo ļo̧k irōk U-U-U, ļo̧k ñan Joñatu Anes. Ekkounaak U-U-U elaṃōj eo ļo̧k iturōk ñan jab rōk ej ṃōj ak erwōj bwil im ļak meto kuk ippān doon im kōttar aolep wa.

Ļak maat wa n̄a imeto elaṃōj Kelen jeo̧ñōd ia iōñ ke irōk! Elaṃōj Jañatu, iōñ O-O-O. Ebaj ekkelo̧k Lapija kallep kūnji ao-lep eṃṃaan im laṃōj kūnji im bōk n̄a ioon wōd. Elaṃōj Ṃaajta ro jemoot ñan tilwōd. Ke rej tōpar tilwōd rōļak etal euwe ioon wōd. Kōn menin ekeļo̧k M̧aajta ro im keļo̧k kōn m̧aan iia eo ak ekāļo̧k ļōļļap ro jet im liakodkode im joururi.

Rōļak lale, rōba emej lele im erwōj kātōm jabukwi im ektaki n̄a ioon wa. Erwōj em̧m̧ōn̄ōn̄ō bwe emejlep em̧ōn̄ā aolepān aelōn̄in Jaluit. Eokwe rōjepļaak im ba eokwe ke leen epokake ekōm̧m̧an adean̄ jeram̧m̧an. Rōkar ba ke eļan̄n̄e aolep rōkar jab ron̄jake, innām aolep ek ko renaaj kar ko.

Eo̧n̄ōd in ej pād wōt n̄an rainin im armej in Imroj rej jeram̧m̧an im jolete jān rūtto ro aer. Armej in Imroj rej make wōt jeļā ekkounaak.

Ekkounaak—Traditional Fishing

This story about traditional rope fishing is one of the most popular and special stories of Jaluit Atoll. It takes place on the island of Imroj. Imroj is one of the small islands on Jaluit Atoll.

A long time ago, some of the great grandfathers of Imroj were known to not be wasteful. One day, there was a funeral and they needed food for everyone. To do this, the landlords gathered the people together for a meeting to decide when it would be a good time to fish. They stayed there for a week and then began to get ready. They prepared their fishing supplies and, most importantly, their canoes.

There were three old men that the other men always followed to the fishing place. The fishermen called the three old men *Majta* (masters). So when the time came for them to start fishing, these three men taught the other men the fishing rules. They warned them of what not to do when fishing. The three old men were named Lapija Jacklick, Kelen Jacklick, and Joñatu Anes.

One evening of the week, the three men were sleeping on the beach. They slept there so they could be ready for the high tide to come at dawn. They woke up because their feet became wet from the tide. The old man named Lapija, who was sleeping at the end, started yelling and telling them that it was time to begin. The two other old men did the same. They all yelled the same thing—the old men as well as the fisherman. They yelled, "Ekkounaak!" While they were yelling, they pushed the canoes into the water. They gathered together and waited for all of the other canoes to come. When all of the canoes were in the ocean, Kelen yelled, “Where are we fishing?” The others yelled, “North!” or “South!” If Kelen said, “North!” another would say, “South!” Then Lapija and other fishermen began to yell at the same time saying, “Let’s go to the reef!” So they went to the reef.

When they got to the reef, many fish were already swimming there. The leaders jumped in the water with their special nets. The other fisherman were yelling and hitting the water in order to scare the fish into the net. When they were finished, they checked the net and saw that they had many fish. They scooped the fish into the canoes. They were so happy that they caught many fish. They would now be able to feed everyone on the island from end to end.

They returned to the village and explained that they had so many fish because they had worked together and listened. Listening brings good things. They said that if everyone had not listened, all of the fish would have been lost.

This traditional fishing method is still used on Imroj to this day. It is an heirloom from the people’s ancestors. The people of Imroj are the best at this traditional fishing called *ekkounaak*.

About the Authors

Student	Favorite Color	Favorite Activity	Favorite Food	Age	From
Maxcilly	Red	Baseball	Rice and fish	14	Imroj
Michael	Red	Basketball	Cake	15	Majuro
Stevenson	Purple	Soccer	Rice and fish	13	Imroj
Mackson	White	Basketball	Orange Tang	13	Imroj
Carlmai	Orange	Baseball	Rice and jakaro	13	Imroj
Ressalyna	Green	Swimming	Cake	17	Imroj
Jinnie	Red	Volleyball	Fish	15	Imroj
Janice	Green	Basketball	Papaya	15	Imroj
Marry	Green	Volleyball	Fish	15	Imroj
Mathlynn	Red	Volleyball	Lollies	14	Imroj
JunJun	Red	Volleyball	Chocolate	13	Imroj
Kina	Red	Volleyball	Cake	11	Imroj
Cabriel	Orange	Basketball	Cake	10	Imroj
Jalynn	Light green	Singing	Ice cream	10	Imroj
Bill	Green	Running	Steak	11	Imroj
Jerina	Green	Volleyball	Cake	9	Imroj

Imroj Elementary School, Grades 5–8

If you enjoyed this book, please consider starting
more projects like this for children around the world.

www.unboundbookmaker.com

27128109R00025

Made in the USA
Lexington, KY
28 October 2013